AF261793

NAPOLÉON

HOMME DE GUERRE

PAR

HENRY HOUSSAYE

DE L'ACADÉMIE FRANÇAISE

Eau-forte et Dessins

PAR

CHARLES MOREL

PARIS

H. DARAGON, ÉDITEUR

30, RUE DUPERRÉ, 30

1904

NAPOLÉON

HOMME DE GUERRE

IL A ÉTÉ TIRÉ DE CET OUVRAGE

Deux cent quinze exemplaires numérotés
et signés par l'Éditeur.

200 sur papier vélin du Marais (1 à 200).

10 sur papier de Hollande Van Gelder
Zonen (F. à O),

avec deux états de l'eau-forte.

5 sur papier Japon impérial de Tokio
(A à E).

avec quatre états de l'eau-forte.

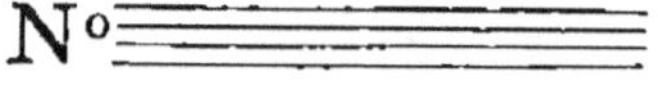

NAPOLÉON

HOMME DE GUERRE

PAR

HENRY HOUSSAYE

DE L'ACADÉMIE FRANÇAISE

Eau-forte et Dessins

PAR

CHARLES MOREL

PARIS

H. DARAGON, ÉDITEUR

30, RUE DUPERRÉ, 30

1904

Bonaparte
à Toulon

A CHARLES MALO

AFFINIA STUDIA, IDEM CULTUS ET AMICITIAE VINCULA

HOC OPUSCULUM

DICAVERUNT.

NAPOLÉON

HOMME DE GUERRE

I

On s'accorde désormais à reconnaître que Napoléon était grand dans la paix comme dans la guerre. A l'égal de Marengo, d'Austerlitz et de Wagram, on admire son œuvre civile : l'ordre rétabli, la patrie pacifiée, l'unité nationale cimentée, la religion restaurée, le Code, le conseil d'Etat et cette solide armature administrative qui continue de soutenir la France. Il y avait dans ce géant des batailles un grand politique, un grand législateur, un grand organisateur. C'est que pour être un grand capitaine, pour être l'homme de guerre dans son entière plénitude, il faut tous les dons.

L'instruction de Napoléon, — j'entends celle qui s'est donnée à lui-même, de seize à vingt-trois ans, dans ses garnisons de Valence et d'Auxonne et durant ses séjours en Corse et à Paris, — est superficielle et sans nulle méthode, mais elle est encyclopédique. Bonaparte lit, annote, résume tous les livres que le hasard met sous sa main : histoire, voyages, politique, philosophie, sciences naturelles, sciences exactes, législation, éducation, sociologie. Il semble qu'il s'arme pour toutes les destinées et qu'il soit préparé à être homme d'Etat, écrivain, administrateur, légiste, aussi bien que général en chef.

« Ambitieux et aspirant à tout », a dit de lui, dès 1785, un de ses professeurs. Sa curiosité est infinie. Mais, ce qui l'intéresse le plus, ce sont les principes et le mécanisme des gouvernements ; et, énigme dont on cherche en vain le mot, ce qui paraît l'intéresser le moins c'est l'art militaire. Bien qu'il regarde le métier des armes « comme le plus beau », bien qu'il en ait fait sa carrière, il ne lit ni Polybe, ni César, ni Montecuculli, ni Folard, ni Guibert (du moins, ses innombrables cahiers de notes n'en témoignent pas) ; il lit Machiavel, il lit Voltaire, il lit Rousseau, il lit Raynal.

Et cependant le peu qu'il a appris de l'art de la guerre à l'École militaire de Paris (à Brienne on n'enseignait que les humanités) et à l'École d'artillerie d'Auxonne lui suffit pour en posséder les éléments essentiels et pour en trouver la synthèse. A vingt-trois ans, il écrit dans un *Mémoire pour la défense du golfe Saint-Florent* : « Depuis vingt ans on a dépensé beaucoup d'argent aux fortifications des différentes places de la Corse ; il n'y a pas eu d'argent plus mal employé. La raison de cela est simple : c'est qu'on a voulu fortifier un grand nombre de points différents, sans faire attention qu'il n'est pas possible d'empêcher le débarquement dans une île qui a autant de golfes. L'on doit s'en tenir à un seul point, le bien choisir et le fortifier de toutes les ressources de l'art ; en cas d'attaque y concentrer sa défense, en faire le centre de sa correspondance avec le continent comme le foyer de résistance pour défendre pas à pas les rochers de l'intérieur. »

A vingt-quatre ans, il écrit dans le *Souper de Beaucaire :*« Celui qui reste dans ses retranchements est battu... Une armée qui protège une ville n'est pas maîtresse du point d'attaque... Les bonnes pièces de quatre et de huit font autant d'effet pour la guerre de campagne que les pièces de vingt-quatre et de douze, et sont bien préférables sous beaucoup de rapports. » A vingt-cinq ans, il formule, dans son admirable *Mémoire sur la position politique et militaire des Armées*, le principe fondamental de sa stratégie et de sa tactique futures : « Il ne faut pas disséminer les attaques, mais les concentrer. Il en est du système de guerre comme des sièges des places : réunir ses feux contre un seul point ; la brèche faite, l'équilibre est rompu ; tout le reste devient inutile et la place est prise. »

D'ailleurs, entre ces deux écrits, le *Souper de Beaucaire* et le *Mémoire sur les armées*, Bonaparte a pris Toulon, ou du moins, à parler sans hyperbole, il s'est révélé comme un praticien de la guerre par son action prépondérante et décisive dans les opérations du siège. Le général d'artillerie du Teil, dont il a été la tête et le bras droit, a écrit au ministre de la guerre : « Je manque d'impressions pour te peindre le mérite de

2

Bonaparte : beaucoup de science, autant d'intelligence et trop de bravoure voilà une faible esquisse des vertus de ce rare officier. C'est à toi, ministre, de les consacrer à la gloire de la République. »

Napoléon dira plus tard : « J'ai livré soixante batailles, je n'ai rien appris que je ne susse dès la première. C'est comme César qui se bat la première fois comme la dernière ; c'est comme Annibal qui, à vingt-six ans, conçoit ce qui est à peine concevable et exécute ce qu'on devait tenir pour impossible ; c'est comme Condé, chez qui la science semble avoir été instinct, la nature l'ayant produit tout savant. »

II

La Fortune qui a pris Napoléon
par la main sur la route de Nice, où
il allait rejoindre l'armée d'Italie,
pour le mener devant Toulon rem-
placer le commandant de l'artillerie
de siège, grièvement blessé, va lui
marquer encore sa toute-puissante
faveur.

Dans la nuit du 12 au 13 vendé-
miaire 1795, le Comité de salut public
le choisit entre douze généraux, lui,
destitué depuis quinze jours, comme
commandant en second de l'armée
de l'intérieur. Le lendemain, il réduit

l'insurrection parisienne. Deux semaines plus tard, il est général de
division et commandant en chef
de l'armée de l'intérieur, et, six mois
après, le voilà commandant en chef
de l'armée d'Italie. Il va renouveler
l'art de la guerre.

Déjà Frédéric avait bouleversé la
vieille tactique, l'ordre de bataille
traditionnel avec l'infanterie au
centre, l'artillerie sur le front, la
cavalerie formant les deux ailes. Il
avait réparti les armes selon la figure du terrain, l'étude des positions
le guidant pour ranger ses troupes.
Il avait doublé la puissance des feux
d'infanterie, créé l'artillerie à cheval,
dressé sa cavalerie aux allures vives

et à la rapidité des évolutions. A
l'attaque parallèle, il avait substitué
l'attaque oblique. En stratégie, il avait
inauguré le système des navettes,
se portant soudain, par les lignes
intérieures, d'une armée contre une
autre. De leur côté, Maurice, de
Saxe, Broglie, Ménil-Durand, Guibert avaient pratiqué ou préconisé,
ceux-là les grands déploiements en
ordre mince, ceux-ci les colonnes
serrées. Carnot et les généraux de la
Révolution venaient d'employer avec
succès, mais d'une façon un peu
empirique, les essaims de tirailleurs
couvrant des colonnes d'attaque très
mobiles et très maniables. Mais,
comme stratégie, ils s'en tenaient

encore, pour l'offensive aux lentes marches vers le front d'opération de l'ennemi, et, pour la défensive, au système des cordons, mettant trois mille hommes sur un point, six mille sur un autre « tout en petits paquets », selon l'expression du *Mémorial*.

Bonaparte prend son bien où il le trouve. Il s'inspire de la méthode frédéricienne et des essais révolutionnaires ; mais ce qui l'inspire surtout c'est son génie. S'il ne fait pas table rase, s'il écoute les théories de l'art militaire, multiples et contradictoires enseignées de son temps, s'il les accorde, les féconde et les transforme, s'il profite enfin des leçons des campagnes récentes, il

n'en est pas moins le créateur d'un
nouveau système de guerre.

Sur le champ de bataille, Napoléon
agit toujours par masses. « L'artillerie, disait-il, doit comme toutes
les autres armes être réunie par
masses si on veut en obtenir un
résultat important. On se bat à
coups de canon comme on se bat
à coup de poing. Plus on en donne,
mieux ça vaut. » Il crée les grosses
réserves, garde consulaire, garde
impériale, grenadiers réunis, cavalerie, artillerie. C'est avec ces réserves, qui valent des armées, qu'il
donne « le coup de massue » :
la cavalerie de la garde à Austerlitz, la garde à pied à Friedland,

les cuirassiers et les carabiniers
à la Moskowa, la jeune garde sou-
tenue par les batteries de Drouot
à Lutzen, les grognards de Friant à
Montmirail, la vieille garde et les
cuirassiers de Milhaud à Ligny.
C'est aussi avec ces soldats redou-
tés, jalousement tenus en réserve,
qu'il rétablit le combat compromis,
comme à Eylau où soixante escadrons de cuirassiers et de dragons
brisent l'offensive de l'infanterie
russe ; comme à Wagram où cent
bouches à feu, soudain démas-
quées, arrêtent net le centre victo-
rieux de l'archiduc Charles.

Neuf fois sur dix, l'Empereur prend
l'offensive ; mais sa méthode d'at-

taque varie selon les forces qu'il a
dans la main, les positions de l'ennemi, la figure du terrain. « On ne
doit prescrire rien d'absolu, dit-il.
Il n'y a pas d'ordre naturel de bataille. »

A la troisième journée d'Arcole, à
Rivoli, à Bautzen, à Vauchamps, il
manœuvre par mouvement tournant.
A Friedland, il emploie l'ordre
oblique ; à la Moskowa, l'ordre parallèle. A Iéna, il déborde une des ailes ;
à Lutzen, à Dresde, à Craonne, il
déborde les deux ailes. A Austerlitz, à Wagram, à Ligny, il perce
le centre.

Dans tous les cas, il commence
par des attaques vigoureuses ou des

démonstrations menaçantes contre
le front ou contre les flancs. Puis,
quand il voit ou prévoit que l'ennemi à engagé ses réserves, dégarni
un point de sa ligne, c'est sur ce
point, momentanément affaibli, qu'il
concentre tout le feu de l'artillerie,
précipite les colonnes d'assaut, dé-
chaîne l'ouragan des chevaux, et fait
brèche.

Pour préparer ses attaques, Napoléon emploie toutes les ressources
de la « partie savante de la guerre »;
mais c'est à la « partie divine » qu'il
doit de saisir le moment précis de
l'exécution. « Le sort d'une bataille,
dit-il, est le résultat d'un instant.
Le moment décisif se présente, une

étincelle morale prononce, et la plus
petite réserve accomplit. » Il possède au même degré la sûreté du
coup d'œil et la rapidité de la pensée.
A Eylau, dix escadrons russes ont
percé la division Augereau ; ils pi-
quent droit sur l'état-major impérial. Bessières crie aux chasseurs
d'escorte : « En avant, sauvez l'Empereur. » D'un geste, Napoléon les
arrête. Il a jugé qu'il ne reste pas
assez de souffle et de cohésion à la
cavalerie ennemie pour arriver, jusqu'à lui. « Ma supériorité dans les
batailles, disait-il souvent, tient à ce
que je pense plus vite que les autres. »
Dès la première campagne d'Italie,
on avait remarqué son impétuosité

de pensée. Comeyras lui écrivait de Milan, le 15 juillet 1796 : « J'ai reconnu en vous l'habitude de voir très juste quoique très vite. »

En tactique il cherche l'écrasement de l'ennemi : *die Niederwerfung des Feindes* (Clausewitz a formulé le mot, Napoléon avait trouvé la chose) ; en stratégie, il cherche la bataille décisive. « Mes soixante batailles, disait-il à Sainte-Hélène, ne sont qu'une partie de très vastes combinaisons. Elles ne doivent être jugées que par les résultats. Marengo m'a donné l'Italie. Ulm a vu disparaître toute une armée, Iéna a livré la monarchie prussienne, Friedland a ouvert l'empire russe, Eckmühl a décidé de toute une guerre. »

Pour obtenir cette bataille décisive, pour arriver, selon son expression, à « étreindre l'ennemi comme un lutteur étreint son adversaire », Napoléon se porte audacieusement, par une marche en carré, sur le flanc ou sur la ligne de retraite de l'ennemi et lui livre bataille à front oblique ou à front renversé. Cette grande méthode stratégique, qui est par excellence la méthode napoléonienne, eut pour résultats la bataille de Lodi, la bataille d'Arcole, la bataille de Marengo, la capitulation d'Ulm, les victoires d'Iéna et d'Auerstœdt. L'Empereur voulait opérer de même

en janvier 1807 contre Bennigsen,
en avril 1809 contre l'archiduc
Charles, en août 1813 contre Schwarzenberg, en mars 1814 contre la
grande armée austro-russe. Mais en
1807 la retraite de l'ennemi vers
Kœnigsberg, en 1809 la capitulation
de Ratisbonne, en 1813 les alarmes
de Gouvion-Saint-Cyr à Dresde, en
1814 la marche soudaine des Alliés
sur Paris vinrent traverser ses
plans.

Si le front d'opérations de l'armée
ennemie est trop étendu pour que
l'on puisse le tourner ou même le
déborder, Napoléon se porte au
centre de la ligne, entre les deux
masses principales, de façon à les

séparer et à les combattre l'une après l'autre. Il agit ainsi au début de la campagne de 1796 et au début de la campagne de 1815 ; et il chercha à employer la même manœuvre en 1812 contre les armées de Bagration et de Barclay de Tolly.

III

Comme moyens d'exécution, Napoléon a la rapidité et le nombre. Du 5 au 11 septembre 1796, il fait faire à son armée, qui livre en outre deux combats et une bataille, cent soixante kilomètres. En 1805, la division Friant se porte en trente-six heures de Presbourg à Sokolnitz ; il y a trente-six lieues. Six jours après Iéna, le 20 octobre 1807, Lannes et Davout franchissent l'Elbe à Wittenburg, à plus de quarante-cinq lieues du champ de bataille. Les soldats disaient : « L'Empereur a trouvé une nouvelle façon de faire la guerre, il se sert de nos jambes plus que de nos baïonnettes. »

Par l'action prépondérante du nombre, Napoléon entendait que la victoire appartient, non pas au capitaine qui a le plus de soldats, mais à celui qui « sait se diviser pour vivre et se concentrer pour combattre », et qui, « avec une armée peu nombreuse, possède toujours plus de forces que l'ennemi sur le point à attaquer ou sur le point attaqué ». A cette remarque de Moreau, — Moreau dont il disait : « S'il avait soixante mille hommes et moi quarante mille, je le mettrais dans ma poche. » — que c'est toujours le plus grand nombre qui bat le plus petit, il repartit ironiquement : « Vous avez raison. Lorsque, avec de moindres forces, j'étais en présence d'une grande armée, je groupais rapidement la mienne, je tombais comme la foudre sur une des ailes et je la culbutais. Je me portais ensuite sur une autre fraction, toujours avec toutes mes forces. Je battais ainsi la grosse armée en détail. La victoire était donc, comme vous le dites, le triomphe du plus grand nombre sur le plus petit. »

Une imagination emportée s'allie, chez Napoléon, à l'esprit géométrique. Il est à la fois le Michel-Ange

et le Laplace de la guerre. Il a pu
justement dire : « Les grandes actions
suivies résultent toujours des combinaisons du génie. Mes guerres furent
audacieuses, mais méthodiques. J'ai
toujours eu en vue le rapport des ef-
forts avec les obstacles. Les plans de
mes quatorze campagnes furent con-
formes aux vrais principes de l'art
de la guerre. »

C'est un joueur et, comme tous
les joueurs, il croit à la Fortune ;
mais il joue serré, et, avant d'enta-
mer la partie, il met de son côté
la majorité des atouts. Si ses plans
sont très hardis, avec quelle méthode il en assure l'exécution ! Si
ses marches sont rapides, si ses at-

taques sont foudroyantes, avec quel soin il les a préparées ! Levées d'hommes, remonte, armement, équipement, répartition des régiments en brigades, en divisions, en corps d'armée, choix des généraux, services accessoires, équipages, convois de vivres et de munitions, ambulances, lignes d'étapes, il règle tout, veille à tout, prévoit tout. Son génie organisateur embrasse l'ensemble et les détails. A une revue au camp de Boulogne, en août 1805, il fait décharger un caisson d'artillerie pour s'assurer que tout y est au complet ; il compte lui-même les cartouches à boulet, les boîtes à balles, les lances à feu, les étoupilles et les mètres de mèche. La veille d'Essling, il écrit au commandant du dépôt de Mayence d'avoir des fers à cheval en nombre, car deux escadrons de dragons, venant d'Espagne, vont passer par cette ville.

Il dit : « Un grand capitaine doit se demander plusieurs fois par jour : si l'ennemi apparaissait sur mon front, sur ma droite, sur ma gauche que ferais-je ?.... S'il se trouve embarrassé, c'est qu'il est mal posté et qu'il n'est pas en règle ; il doit y remédier. » Aussi dès que s'ouvre la campagne, la vigilance de Napoléon est extrême, son attention sans cesse en éveil. Il exige de ses sous-ordres des rapports répétés, il lance au loin

des partis de cavalerie, il multiplie
les reconnaissances, il envoie des
espions, il interroge les habitants,
les prisonniers, il prend tous les
moyens d'information, il tient constamment son armée dans sa main.
Il ne veut pas, de son côté, laisser
de prise au hasard, précisément par
ce qu'il croit au hasard. « La guerre,
disait-il, ne se compose que d'accidents. Un chef, bien que tenu à se
plier à des principes généraux, ne
doit jamais perdre de vue ce qui peut
le mettre à même de profiter de ces
accidents. Le vulgaire appellera ça
du bonheur ; ce n'est pourtant que
la propriété du génie. »

IV

Peut-être Napoléon est-il plus admirable encore dans les revers que
dans les succès. Sa résolution, son
opiniâtreté, quand il résiste, égalent
sa décision et son audace quand il
attaque. Rien ne le déconcerte ni ne
l'ébranle. « Une bataille n'est perdue,
dit-il, que si on la croit perdue. » Et
il ne se tient jamais pour battu. La
bataille de Marengo, perdue à trois
heures, est gagnée à six. Contraint à
la retraite à Essling, par la rupture
des ponts du Danube, il se retire dans
l'île Lobau, y refait ses forces, et,

cinq semaines plus tard, franchit le
fleuve pour terrasser l'Autriche. Dans
les années sombres il se raidit avec
une vigueur sans pareille contre les
revanches de la Fortune. La Grande-
Armée engloutie par la steppe russe,
il crée en six mois une nouvelle
Grande-Armée, et ajoute à l'Illiade
française le chant de Bautzen, de
Lutzen et de Dresde. Cette campagne
de 1813, où si hardiment et si sa-
vamment l'Empereur vient se poster
au milieu de la Saxe comme au
centre d'un échiquier, cette campagne qui débute bien, et qui,
sans les fautes de Vandamme, de
Ney, de Macdonal, d'Oudinot, peut
s'achever dans le triomphe, aboutit

à un désastre. Vaincu à Leipzig, Napoléon ramène les débris de son armée en passant à Hanau sur le ventre aux Bavarois. Puis il commence entre la Marne, l'Aube et la Seine, cette campagne vraiment nationale où, avec les trente-cinq mille hommes qu'il a sous son commandement immédiat, et qu'il fait courir d'un point à un autre comme une navette de feu, il gagne le nom de « général Cent mille hommes ».

La devise que l'on a faite pour lui : *Napoleo ubicumque felix*, est désormais *Dum spiro spero*. Après la Rothière, la situation paraît désespérée. Napoléon, en pleine retraite devant les armées de Blücher et de

Schwarzenberg qui ont opéré leur jonction, se sent impuissant à les arrêter. Il va accepter les conditions des Alliés. Mais comme le duc de Bassano entre chez l'Empereur pour lui donner à signer les dépêches, il le trouve couché sur une carte piquée d'épingles à têtes de couleur différente. « Il s'agit bien de ça, dit Napoléon, je suis en train de battre Blücher de l'œil. » Et les jours qui suivent, c'est de l'épée qu'il bat Russes et Prussiens à Champaubert, à Montmirail, à Vauchamps. Il se retourne alors contre l'armée autrichienne, en culbute les têtes de colonnes à Mormant, à Salins, à Montereau, et la rejette au delà de l'Aube, à quarante lieues en arrière.

A Waterloo encore, — dans cette bataille de géants », comme sans modestie l'a appelée Wellington, — Napoléon conserve l'espoir de vaincre jusqu'à la dernière minute, jusque dans l'étau où l'étreignent les Anglais et les Prussiens. Passé sept heures du soir, il se jette avec sa garde au plus ardent de la fournaise pour y violer la Victoire.

V

Dans son armée, Napoléon est le maître absolu. Il a l'instinct et l'énergique volonté de la domination. Il dit : « L'unité du commandement est la chose essentielle à la guerre. Il vaudrait mieux un mauvais général que deux bons. » Simple chef de bataillon d'artillerie au siège de Toulon, il impose ses plans au général commandant l'artillerie, au général commandant le corps de siège, aux représentants en mission. Il écrit au Comité de salut public : « Le plan d'attaque que j'ai présenté aux généraux et aux représentants est le seul praticable... Je vous ai envoyé des observations générales qui sont la base du plan que j'ai conçu. Trois jours après mon arrivée, l'armée eut une artillerie, et les batteries de la Montagne et des Sans-Culottes furent établies, coulèrent bas les pontons, et résistèrent à plus de vingt mille boulets. » Celui qui écrit en ces termes au Comité de salut public de 1793 est un obscur officier de vingt-quatre ans !

A vingt-sept, quand il prend le commandement de l'armée d'Italie, il ne craint pas que les prétentions et les rivalités de généraux comme

Masséna, Sérurier, Augereau, tous beaucoup plus âgés et ayant commandé les trois armes, lui rendent la situation très difficile, à lui si jeune, et, la veille encore, simple général d'artillerie. « Dès son arrivée, rapporte Marmont, l'attitude de Bonaparte fut celle d'un homme né pour le pouvoir. Il était évident qu'il saurait se faire obéir. » Il séduit les uns, dompte les autres, commande à tous le respect, parce qu'il inspire à tous la confiance dans la victoire.

Quinze ans durant, il va dominer, et, tour à tour exalter, enflammer, calmer, animer et ranimer ses lieutenants. « J'échauffe les têtes

froides, disait-il, et je refroidis les
têtes chaudes. » Il va mener d'une
main de fer ce cortège de héros tur-
bulents, avides et jaloux. A Wagram,
en pleine action, l'empereur dit à
Bernadotte ! « Je vous retire le commandement du corps d'armée que
vous dirigez si mal... Eloignez-vous
de moi sur-le-champ, monsieur, et
quittez l'armée dans les vingt-quatre
heures. Je n'ai que faire d'un brouil-
lon tel que vous. » Un matin, à un
grand lever, il aperçoit Gouvion-
Saint-Cyr, va à lui et dit avec un
grand calme : « Vous êtes à Paris,
général ? Vous avez sans doute l'au-
torisation du ministre de la guerre ?
— Non, Sire ; mais comme Votre

Majesté m'a retiré mon commandement, je n'avais plus rien à faire à
l'armée. — Si vous n'êtes pas en
route pour l'armée aujourd'hui à
midi, je vous fais arrêter ce soir et
demain passer en conseil de guerre. »
Les défections de 1813, de 1814 et
de 1815 s'expliquent, sans se justi-
fier, par la servitude, d'ailleurs glo-
rieuse et rémunératrice, où Napoléon
avait réduit ses anciens compagnons
d'armes.

VI

Napoléon est à la fois le grand capitaine et le petit caporal. J'entends par là que ce stratège, cet organisateur, cet administrateur, cet homme de cabinet dont l'esprit roule et médite toujours les plus hautes pensées, connaît le soldat et est connu de lui personnellement, familièrement, comme un officier subalterne qui vit dans le contact immédiat de la troupe. S'il subjugue les généraux, il fascine, il ensorcelle ses soldats. « Le Consul parut, dit Coignet dans son récit de Marengo,

nous en fûmes une fois plus forts. »
« Les soldats, dit un autre Saint-Simon du bivouac, pensaient qu'une fois qu'ils étaient avec l'Empereur, rien ne devait plus leur manquer, que tout devait réussir, enfin qu'il n'y avait plus rien d'impossible ».

L'adoration des troupes pour Napoléon s'exhale dans la clameur qui, à Essling, part des rangs quand un boulet vient frapper son cheval! « Bas les armes si l'Empereur ne se retire pas ! » La Bérézina, Leipzig, les invasions, ne diminuent point cet indestructible amour. Pendant la retraite de Russie, un vieux grenadier, se traînant sur la neige avec un pied gelé, dit à ses camarades

qui voient de grosses larmes tomber
sur ses moustaches d'où pendent des
glaçons : « Je ne pleure pas parce
que je vais laisser mes os dans ce
maudit pays. Je pleure d'avoir vu
notre Empereur marcher à pied, un
bâton à la main, lui si grand, lui qui
nous fait si fiers ! » A Fontainebleau,
il fallait six cents hommes pour suivre
à l'île d'Elbe l'Empereur déchu. Il
s'en présenta six mille, toute la vieille
garde. Ceux qui ne furent pas choisis
pleurèrent comme des enfants. Le
soir de Waterloo quand Napoléon
menait au feu sa dernière réserve,
les blessés se redressaient pour l'ac-
clamer au passage. Un sergent
chevronné, assis, les deux jambes

broyées par un boulet, contre un remblai de la route, criait d'une voix ferme et claire : « Ce n'est rien, camarades. En avant ! et vive l'Empereur ! »

« Le pouvoir des mots sur les hommes est étonnant, disait Napoléon. Les soldats de la 32e se seraient fait tuer pour moi, parce que j'avais écrit après Lonato : *La 32e était là ; j'étais tranquille.* » Le maréchal Ney a dit que nul ne savait parler aux soldats comme Napoléon. C'est que nul ne les connaissait comme « leur Empereur ». Quel portrait *ne varietur* il a tracé d'eux : « Le soldat français est raisonneur. Il juge sévèrement le talent et la bravoure de ses officiers. Il discute un plan de campagne et toutes les manœuvres militaires. Il peut tout lorsqu'il approuve les opérations et qu'il estime ses chefs ; mais aussi, dans le cas contraire, on ne peut pas compter sur des succès. Il est le seul en Europe qui puisse se battre à jeun. Il oublie de manger, si longue que soit la bataille ; mais il est plus exigeant que tout autre lorsqu'il n'est plus devant l'ennemi. Un soldat français s'intéresse plus au gain d'une bataille qu'un officier russe. Il attribue constamment au corps où il est attaché la première part à la victoire. Les soldats des autres nations gardent leur poste

par devoir, le soldat français par
honneur ; les premiers sont presque
indifférents à une défaite, le second
en est humilié. Le seul mobile du
soldat français est l'honneur. »

Dans ses magnifiques ordres du
jour comme dans ses allocutions
impromptues, Napoléon trouve des
mots de feu qui enflamment les
cœurs. En Italie : « Vous égalez aujourd'hui l'armée de Hollande et l'armée du Rhin. Mais vous n'avez rien
fait puisqu'il vous reste encore à faire. » — En marche vers Austerlitz :
« C'est maintenant que va se décider
pour la seconde fois cette question
qui l'a déjà été en Suisse et en Hollande, si l'infanterie française est la

seconde ou la première d'Europe. »
— La veille d'Iéna, à des recrues :
« Jeunes gens, il ne faut pas craindre
la mort. Quand on ne craint pas la
mort, on la fait rentrer dans les rangs
ennemis. » — Le matin de la Moskowa : « Soldats, voilà la bataille que
vous avez tant désirée. Conduisez-
vous comme à Austerlitz, à Friedland,
à Smolensk, et que l'on dise de vous
dans la postérité : *Il était à cette
grande bataille sous les murs de Mos-
cou.* » — A Lutzen, en poussant son
cheval au milieu d'un bataillon ita-
lien qui lâche pied sous la pluie d'o-
bus : *Coglioni ! non fa mal !* — A
Arcis-sur-Aube, en se précipitant à
la tête du pont qu'encombrent les

fuyards : « Qui de vous le passera
avant moi ? — En 1815 : « Les étran-
gers en veulent encore à notre indé-
pendance. Marchons donc à leur
rencontre. Eux et nous, ne sommes-
nous plus les mêmes hommes ? »

Mais ce n'est pas seulement cette
éloquence enflammée et le prestige
de tant de victoires qui fondent dans
l'armée le culte de l'Empereur. C'est
sa sollicitude envers les soldats, c'est
l'attention qu'il leur porte, c'est le
soin qu'il prend de les voir, de leur
parler, c'est sa constante préoccu-
pation de frapper leur esprit et de
gagner leur cœur. Une de ses
maximes de guerre est que « le pre-
mier talent d'un général consiste à

connaître le soldat et à capter sa
confiance. » Aussi toute conjoncture
lui est propice ; il provoque les occa-
sions, il ne néglige aucun moyen.
Il parle familièrement aux soldats,
et souffre qu'ils lui répondent avec
la même familiarité. Le héros de
l'épopée se fait le bonhomme de la
chanson. « Je passais, dit-il à Sainte-
Hélène, pour un homme terrible dans
les salons, dans les ministères, par-
mi les généraux mais nullement par-
mi les soldats. Ils avaient l'instinct
de ma sympathie. Ils me savaient
leur protecteur. »

Napoléon tutoie tous ses soldats
et se laisse tutoyer par ceux à qui
l'envie en prend. Quand un faction-

naire lui présente les armes, il l'interpelle avec une brusquerie amicale. En campagne, il visite les bivouacs, inspecte les avant-postes et les sentinelles perdues. Le lendemain de chaque combat, il parcourt le terrain à cheval, au pas, pour veiller à l'enlèvement des blessés que l'on a pu y laisser ; il leur parle, les encourage, les réconforte. Il se fait présenter les soldats qui se sont particulièrement distingués dans l'action. Au feu, il s'approche des batteries et plaisante avec les pointeurs. A Paris, il passe dans les chambrées à l'heure de la théorie et reprend ceux qui récitent mal ; il fait parfois manœuvrer lui-même comme un simple sous-officier

un peloton d'instruction. A une
grande revue de la garde, au Carrou-
sel, il commande, sans une erreur ni
une omission, toute une partie de
l'école de bataillon. Dans ses fré-
quentes visites aux casernes, il ne
manque pas de demander s'il y a des
mécontents ; il leur tire l'oreille en
disant à son aide de camp de noter
leur réclamation. Tantôt il passe
l'inspection de la literie et ordonne
qu'elle soit réformée ; tantôt il assiste
à la distribution des vivres ou au
repas des hommes. Il demande de la
soupe, et lui dont le cœur se soulève
à la seule pensée des haricots verts
« parce qu'on y trouve de ces fils
qui ressemblent à des cheveux », il

mange un jour, sans sourciller, le con-
tenu d'une gamelle dont il a préalable-
ment retiré un cheveu. Ce n'est pas
trop de dire qu'il aurait préféré passer
encore une fois le pont d'Arcole !

Si Napoléon exige beaucoup des
hommes, lui-même prêche d'exem-
ple. Quelque temps qu'il fasse, jamais il n'ajourne une revue ; mais
les soldats endurent patiemment
la pluie, « si forte que les canons
de fusil se remplissent d'eau », en
voyant leur Empereur « immobile à
cheval et sans manteau, l'eau lui cou-
lant sur les cuisses ». La simplicité
de ses manières, de son costume
même en impose aux troupes. Le
jour de l'entrée à Berlin, où toute la

garde était en grande tenue et tout l'état-major en grand uniforme, chacun se montrait l'Empereur « avec son modeste costume, son petit chapeau et sa cocarde d'un sou.. C'était curieux de voir le plus mal habillé maître d'une si belle armée. »

Le matin d'Eylau, l'Empereur demande une pomme de terre par escouade, et, assis sur une botte de paille, bien en vue de toute l'armée, il les fait cuire à son petit feu, les retournant du bout d'un bâton. Dans une halte, il s'approche d'un groupe de soldats qui boivent du vin apporté dans un seau. Quand tous ont bu, il fait signe au caporal, et, prenant le verre dont se sont servis

les soldats, il boit à son tour. On
raconte qu'un soir aux Tuileries,
l'Empereur a remplacé un faction-
naire qu'il avait envoyé porter un
ordre, et a monté la garde à sa
propre porte. On raconte aussi, ce
qui est plus véridique, que le lendemain de la bataille d'Eylau il a
dit au chirurgien en chef Percy,
appelé à deux lieux de la grande
ambulance pour opérer le général
d'Hautpoul : « Vous ne pouvez pas
y aller. Vous vous devez à tous et
non à un seul. » Voilà de quoi
défrayer pendant longtemps les
veillées des chambrées.

Bon enfant, sous des dehors
brusques, avec les hommes, Na-

poléon est le plus souvent sévère et dur avec les chefs, et, quand l'occasion s'y prête, il ne craint pas de faire rire les soldats aux dépens de l'officier. A une revue de la garde, à Berlin, les grenadiers étaient en bataille, ayant derrière eux des bornes de cinq pieds avec des barres de fer enclavées. L'Empereur dit au colonel, de répéter ses commandements ; puis il fait porter les armes, croiser la baïonnette, et commande enfin. « Demi-tour ! » (le colonel répète), et ! « En avant ! pas accéléré, marche ! » Le colonel interdit à la vue de l'obstacle, ne répète pas, et voici les soldats arrêtés. L'Empereur dit ! « Pourquoi ne marches-tu pas ? — Mais... on ne peut passer. — Pauvre ami, commande : En avant ! » Et aussitôt les soldats escaladent la haute balustrade.

Un autre trait de Napoléon. En 1809, les grenadiers, venus d'Espagne d'une seule traite (de Limoges à Ulm, ils avaient fait la route dans des voitures réquisitionnées), arrivent à minuit à Schœnbrunn, après deux étapes de vingt lieues, « les jambes raides comme des canons de fusil... L'Empereur descend aussitôt près d'eux, et les voyant tous, le corps courbé, la tête penchée, se soutenant sur leurs armes, dit à ses grenadiers à cheval : « Faites tout de suite de grands feux, allez chercher de la paille pour les coucher, faites leur chauffer des chaudières de vin sucré. » Puis, s'adressant tout furieux aux officiers ! « Est-il possible de voir mes vieux soldats dans un pareil état ! Si j'en avais besoin ! Vous êtes des...... ! » Et le bon grenadier Coignet ajoute : « L'Empereur frappait des pieds de colère. Ce n'était pas un homme, c'était un lion. »

Commediante ! Comédien ? oui et non, car Napoléon aimait vraiment le soldat. En tout cas, comédien qui a l'Europe pour théâtre, vingt peuples pour l'écouter, cinq cents mille soldats pour l'applaudir, et, pour garder sa mémoire, la longue succession des siècles.

FIN

ACHEVÉ D'IMPRIMER

le 10 mai 1904.

SUR LES PRESSES DE

LAFOLYE FRÈRES

à Vannes.

Pour

H. DARAGON